O MÉTODO SEIS SIGMA

INFORMAÇÃO CHAVE

- **Nomes:** Seis Sigma, 6 Sigma, 6 σ

- **Utilizações:** uma abordagem qualitativa, quantitativa e estruturada da gestão empresarial.

- **Por que é bem-sucedido?** É uma abordagem precisa para melhorar processos empresariais chave para uma fiabilidade de mais de 99,99%. O objetivo é atingir uma média de 3,4 defeitos por milhão de oportunidades de defeitos (onde 3,8 sigma, por exemplo, corresponde a 10 000 defeitos por milhão).

- **Palavras-chave:**

  - <u>Clientes</u>: todos os agentes interessados num produto ou serviço

  - <u>Defeito</u>: imperfeição do produto

  - <u>DMAIC</u>: método de gestão com o objetivo de melhorar um produto ou serviço

  - <u>Desvio padrão</u>: variação ou dispersão de uma variável em relação a um limiar (a média)

  - <u>Gestão de projetos</u>: abordagem utilizada dentro de uma empresa para organizar um projeto em diferentes fases

- Informação: dados utilizados para estabelecer uma visão global de uma dada situação, sem deixar de fora pormenores

- Objetivo estratégico: equilíbrio pretendido, envolvendo ações que conduzam ao benefício de uma posição favorável no mercado

- Ferramenta estatística: método de análise para uma base de dados, seguindo uma abordagem numérica

- Desempenho: resultado numérico

- Processo: diferentes fases de produção

- Qualidade: características definidoras de um produto

- Sigma (σ): Carta grega que representa o desvio padrão nas estatísticas.

INTRODUÇÃO

Face a uma oferta de produto que não satisfaz suficientemente os clientes ou o negócio, ou que não satisfaz de todo, este último pode decidir reconsiderar o seu fluxo de trabalho (fabrico, etc.) a fim de melhorar concretamente a sua qualidade. O método Seis Sigma permite calibrar novos objetivos e reduzir a probabilidade de variação dentro de um processo, uma vez realizada uma análise detalhada para identificar os defeitos que alteram a satisfação tanto dos clientes como dos empregados, mas também da empresa.

História

Nos meados da década de 1980, a empresa americana Motorola enfrentou uma pressão considerável por parte dos produtores asiáticos, especialmente japoneses, porque o seu sistema de produção, fundamentalmente diferente dos sistemas asiáticos, já não parecia adequado para as realidades do mercado. Ao longo da década de 1970, as fábricas japonesas tinham estado mais concentradas na durabilidade e fiabilidade e, por conseguinte, ofereciam modelos mais simples do que os das fábricas americanas que davam mais ênfase aos elementos de qualidade (design de modelos, opções, etc.). As fábricas americanas procuraram então efetuar inspeções a fim de controlar os produtos (um método pouco fiável e dispendioso).

Confrontados com uma diminuição de lucros, os executivos da Motorola decidiram então mudar a sua filosofia e combinar ferramentas estatísticas com princípios de liderança para formar a base de um sistema de gestão abrangente: Seis Sigma. Os resultados foram imediatamente visíveis, uma vez que a qualidade dos produtos melhorou instantaneamente. O processo começou a espalhar-se nos anos 90 e foi adotado pela General Electric, que rapidamente experimentou os benefícios deste método de gestão.

Hoje em dia a maioria das grandes empresas optaram por este sistema: Caterpillar, Kodak, SFR, etc. Seis Sigma tornou-se um padrão de qualidade em termos de prática empresarial e é ensinado em muitas escolas de negócios no mundo inteiro.

É BOM SABER

Aqui estão alguns exemplos dos benefícios do Seis Sigma:

- A Motorola capitalizou 2,2 mil milhões de dólares entre 1986 e 1990;

- A General Electric registou um desempenho oscilante entre $7 e $10 mil milhões em 1995 graças a este método;

- O Banco da América poupou centenas de milhões de dólares, reduziu para metade o seu tempo de funcionamento e reduziu consideravelmente as suas margens de erro, três anos depois de ter adotado o método em 2001.

Definição do modelo

Seis Sigma é uma abordagem analítica baseada em factos estatisticamente verificados que visa melhorar o funcionamento de uma empresa (produção, administração, etc., a um custo inferior) e assegurar a qualidade (fiabilidade de 99,99%) dos produtos ou serviços para os clientes. Este método toma o seu nome de um instrumento estatístico específico: desvio padrão, representado pela carta grega σ. De facto, Seis Sigma utiliza a análise do processo para fornecer um produto numa "lacuna de qualidade" (ou seja, não mais de 3 σ longe da média) esperada pelo cliente e pela empresa. Isto permite à empresa limitar a variação e os defeitos no processo.

TEORIA

As empresas que utilizam este método de gestão da qualidade para melhorar os seus produtos concentram-se em três prioridades: clientes, empregados e processos. Dar prioridade aos clientes significa que pode identificá-los, conhecer as suas expectativas e antecipar o valor acrescentado que a empresa poderia proporcionar-lhes. Isto parece óbvio, no entanto, muitas empresas tendem a esquecer que o lucro provém da satisfação do cliente. As outras duas prioridades devem igualmente estar no centro das preocupações da empresa, porque negligenciá-las poderia indiretamente causar descontentamento entre os clientes – estas três áreas estão interligadas.

Seis Sigma segue duas metodologias. A sua utilização depende do contexto em que a empresa pretende expandir a sua produção: por extensão ou por criação de um produto.

DMAIC

Ao implementar Seis Sigma para melhorar os resultados de um produto ou serviço existente, deve aderir ao seguinte processo, denominado 'DMAIC':

- **Definir.** Definir clientes, expectativas, carta da equipa com medidas específicas para organizar a fase de desenvolvimento do projeto, o processo geral e os resultados financeiros.

- **Medida**. Medir e recolher dados (defeitos) do processo.

- **Analisar**. Analisar os dados recolhidos e o processo a fim de identificar problemas relacionados com a situação atual.

- **Melhorar**. Inovar para identificar potenciais soluções, depois aplicá-las em pequena escala para ver se melhoram efetivamente o desempenho do processo.

- **Controlo**. Controlar, detalhar e implementar um plano para assegurar que a melhoria ocorra em maior escala.

DMADV

A metodologia DMAIC é utilizada para melhorar um produto ou um serviço existente. Outra metodologia é utilizada no caso do desenvolvimento e conceção de um novo produto ou serviço: 'DMADV' (Define, Measure, Analyse, Design and Verify).

A fase de Design na DMADV envolve a fabricação do produto ou o estabelecimento do serviço. A equipa assegura a conformidade do produto.

O QUE É O SEIS SIGMA?

A nível técnico, Seis Sigma baseia-se na teoria da variabilidade, o que significa que tudo é estatisticamente mensurável quando comparado com uma escala contínua (peso, altura, taxa, etc.) que segue uma curva em forma de sino. Esta, chamada "curva Gaussiana", é simétrica e representa praticamente 100% do que é medido. Pode ser dividida em vários segmentos – desvios padrão marcados com a letra grega σ (sigma) – que definem a variabilidade, enquanto que o eixo representado pela letra μ (mu) é a média que cada processo se aproxima. Quanto mais fraca for esta variação, mais a produção é consistente com valores próximos do objetivo.

A aplicação do Seis Sigma implica medir o desempenho atual e, para isso, é necessário determinar o sigma entre a média real e a média μ, que mostra a perfeição do produto ou serviço e, assim, indiretamente, mostra a satisfação média do cliente. Considerando a insatisfação do cliente como um defeito, indicado por uma distância do nível ótimo de satisfação, o Seis Sigma significa que haverão apenas 3,4 defeitos por um milhão de oportunidades. Neste contexto, a empresa concentra-se na qualidade que satisfaz o cliente para alcançar a quase perfeição: o topo da curva μ. Estatisticamente, a variância não pode ser negativa. O sigma negativo e positivo apenas exprime a distância entre o produto com a qualidade média máxima que satisfaz o cliente.

Seis Sigma (através de uma boa gestão de processos) pode, portanto, ser utilizado para determinar o quão próxima está a empresa dos melhores níveis de desempenho.

Contudo, Seis Sigma não deve ser considerado um instrumento técnico. As empresas que optarem por aplicar este método devem encará-lo como uma oportunidade que lhes permita compreender tudo o que precisa de ser feito para alcançar a quase perfeição e melhorar constantemente o desempenho.

Claro que, uma vez que uma empresa começa a medir o seu sigma, pode rapidamente desanimar, especialmente se notar que muitas atuações se situam num intervalo derivado do ótimo (num nível com um valor absoluto de 1 ou 2 σ). Mas é necessário pensar neste método como uma "política de insatisfação permanente" em relação aos resultados adquiridos. Na realidade, encoraja todos os empregados a reduzir constantemente as variações.

JOGADORES DO PROJETO

Para além dos procedimentos acima descritos, não podemos ignorar a contribuição de outros instrumentos utilizados durante as várias fases de implementação do Seis Sigma (brainstorming, diagramas, etc.) para a melhoria constante e continuação do processo. Especificamente, vários atores da sociedade participam nas discussões e trabalham na elaboração do método a montante.

Em primeiro lugar, **o chefe da empresa** deve estar envolvido de uma forma ou outra na adoção da filosofia Seis Sigma e na sua divulgação na organização desde o início. A equipa responsável pela implementação do processo de melhoria não pode ser bem-sucedida sem o seu total apoio. As pessoas que trabalham em projetos Seis Sigma fazem normalmente parte das áreas mais competentes da organização. A hierarquia é composta da seguinte forma:

- **Os campeões** são os garantes do projeto. Ajudam os Black Belts a selecionar projetos de melhoramento a trabalhar, estimam o seu potencial e avaliam os produtos da empresa em comparação com os da concorrência. O papel dos campeões é assegurar a supervisão, apoio e financiamento de projetos Seis Sigma e gerir o pessoal necessário para os implementar. Eles são os pilares do projeto e é por isso que são escolhidos entre as melhores pessoas.

- **Os Black Belts** são os líderes do projeto e as únicas pessoas a trabalhar a tempo inteiro no mesmo. Não é raro receberem formação prévia a fim de melhor definir a sua missão e aplicar diretamente as cinco fases da metodologia DMAIC que conduzem ao Seis Sigma.

- **Os Green Belts** ajudam os Black Belts a completar o projeto. Recebem também formação para permitir à equipa falar a mesma língua e, portanto, trabalhar para um objetivo comum.

Seis Sigma é o primeiro método de gestão que envolve tanto o topo da pirâmide como a base. É um processo que traz uma certa dinâmica ao negócio.

LIMITAÇÕES E EXTENSÕES

LIMITAÇÕES E CRÍTICAS

Seis Sigma é frequentemente visto como um revolucionário e poderoso instrumento de gestão graças aos desempenhos registados pelas muitas empresas que o adotaram. No entanto, como todos os métodos, tem alguns limites, tanto metodológicos como terminológicos. Além disso, como acontece com muitos outros aspetos económicos, existe uma diferença entre os aspetos teóricos e práticos. O economista americano George Eckes, especialista em Seis Sigma, destaca as falhas frequentemente observadas durante as aplicações do método e oferece algumas recomendações:

- **Considerar que a melhoria da qualidade não resulta apenas da melhoria das estatísticas.** O rigor e a disciplina podem ser bens significativos, mas não cobrem todos os meios necessários para a gestão e melhoria adequadas de um processo. Seis Sigma combina uma série de áreas complementares e não negligencia em caso algum o aspeto humano, que é simultaneamente um ator (empregados dentro da empresa) e um alvo (clientes a satisfazer). Este aspeto é frequentemente negligenciado durante as aplicações dentro de uma empresa.

- **Perceber que a redução de custos é apenas uma etapa do processo de melhoria.** O Seis Sigma não consiste em programar reduções de custos para fins estratégicos. Pelo contrário, este método advoga a eficiência e a eficácia, reorientando os objetivos da empresa para as expectativas do cliente, em vez de uma abordagem contabilística que calcula os custos conhecidos e negligencia o impacto sobre o cliente.

- **Não se esqueça de incluir melhorias nas descrições das funções.** Nem sempre é fácil reformar um processo numa empresa a fim de aplicar o Seis Sigma. Os empregados ou trabalhadores sentem muitas vezes que não têm tempo para tal reavaliação e acreditam que já dedicam tempo suficiente à empresa. Contudo, este "excesso" de tempo que gastam a trabalhar para a empresa deve-se frequentemente à ineficácia e ineficiência. Isto não vem necessariamente da relutância do trabalhador, mas sim do próprio processo.

- **Lembre-se que a dinâmica da equipa é uma das principais causas do fracasso do projeto.** Embora pareça fácil gerir a dinâmica da equipa, esta é uma das principais fontes de insucesso. Por isso, é importante construir uma base sólida. Para o fazer, o gestor do projeto deve explicar claramente as entradas e saídas do projeto. Reunir a supervisão, estabelecer a agenda e determinar as respetivas funções e responsabilidades são pontos de partida para garantir que o projeto não começa em terreno movediço.

- **Considerar que os Black Belt não são completamente responsáveis pelos esforços.** Os Black Belt destinam-se a ser líderes de equipa. Como explicado acima, são geralmente pessoas treinadas na utilização de ferramentas e técnicas de melhoramento – quase como líderes operacionais. O perigo reside no facto de todos (incluindo os líderes da empresa) se separarem das responsabilidades do projeto, uma vez que imaginam que os peritos nacionais estão lá para lançar o Seis Sigma. Contudo, o bom funcionamento de uma empresa provém do trabalho de equipa, e todas as posições hierárquicas de gestão estão envolvidas.

- **Considerar o Seis Sigma como uma melhoria na continuidade.** Um dos princípios do método é trabalhar em continuidade e assegurar constantemente um processo de qualidade, e não formar uma equipa responsável pelo Seis Sigma logo que surja um problema de ineficiência ou ineficácia na empresa.

- **Pense na gestão como um jogador ativo.** Para que o Seis Sigma funcione, os líderes da empresa devem sujar as mãos e considerar-se participantes no trabalho da empresa. A direção está consciente de que o fenómeno cultural é um elemento importante na gestão empresarial. Um dos pontos fortes do Seis Sigma é que incentiva uma atitude pró-ativa a todos os níveis hierárquicos.

- **Esteja atento às mudanças na gestão empresarial.** Se as mudanças a nível estratégico não forem bem geridas pela empresa, os resultados potenciais permanecerão baixos.

MODELOS E EXTENSÕES RELACIONADAS

Lean Seis Sigma (LSS)

Lean Seis Sigma (LSS) é uma extensão do Seis Sigma que se está a tornar cada vez mais importante. Está mais centrado no processo de produção, enquanto que o Seis Sigma se concentra principalmente no próprio produto. Este modelo relacionado permite reduzir o tempo de trabalho e os períodos de espera necessários para o estabelecimento de um processo mais eficaz.

Os objetivos estratégicos deste modelo são:

- aumentar o valor acrescentado das tarefas do processo;

- reduzir o tempo e o custo do processo através da eliminação de atividades sem valor acrescentado;

- tornar os processos mais fluidos;

- melhorar a qualidade dos produtos de acordo com os clientes;

- encorajar o desenvolvimento de uma cultura de melhoria contínua dentro da empresa.

- As principais áreas de ação são:

- definição do valor e identificar as etapas que o criam;

- identificação e eliminação de desperdícios e custos ocultos;

- controlo das fontes de variação, seguindo as etapas do processo.

Gestão da Qualidade Total (TQM)

A Gestão da Qualidade Total é uma abordagem de gestão da qualidade mais antiga do que o Seis Sigma. O seu objetivo comum é mobilizar toda a empresa para alcançar uma qualidade perfeita, reduzindo simultaneamente o desperdício e melhorando o produto final através do desempenho. O TQM concentra-se no cliente – satisfação e lealdade – embora a prática do controlo de qualidade e autocontrolo seja aqui essencial.

A metodologia do modelo é a seguinte:

- **Planear.** Desenvolvimento de objetivos estratégicos e planos de melhoramento do calendário.

- **Fazer.** Implementação e aplicação de processos de produção melhorados.

- **Verificar.** Análise da satisfação e controlo da qualidade do produto.

- **Agir.** Correção dos custos e desperdícios e controlo das fases de produção.

De acordo com Frank Anbari, o Seis Sigma é mais completo e abrangente do que o TQM porque fornece resultados financeiros e combina ferramentas de análise avançadas e métodos de gestão. Também resume a relação entre as duas metodologias: Seis Sigma = TQM + foco no cliente + ferramentas de análise de dados complementares + resultados financeiros + gestão de projetos.

APLICAÇÃO PRÁTICA

CONSELHOS E DICAS DE TOPO

Vamos agora aplicar a metodologia DMAIC, acima deli-
neada, para visualizar praticamente as suas contribui-
ções dentro de uma empresa. Para que uma empresa
possa iniciar uma transformação estratégica como o
Seis Sigma, deve integrar eficazmente os cinco passos
seguintes como orientação.

- **Definir o objetivo a alcançar para melhorar.** Este
  passo permite orientar a equipa para que todos os
  membros sigam na mesma direção. Também apoia a
  análise das ligações entre as diferentes fases do processo e, portanto, o trabalho de melhoria do produto,
  a identificação das necessidades do cliente e a esti-
  mativa dos resultados esperados. É importante definir o projeto de forma objetiva, quantificando-o com
  uma base de dados. A fase de recolha de dados é uma
  etapa crucial porque serve de base de trabalho para
  todo o projeto.

- **Medir a média da produção atual.** É vital medir o
  que o processo é capaz de produzir e avaliar o número
  de defeitos. Assim, os Black Belts conhecem a fre-
  quência dos defeitos e fazem comparações com a
  concorrência. É importante concentrar-se nos elementos-chave do processo, ou seja, aqueles com
  maior influência na qualidade. Esta etapa permite
  medir o sigma, o desvio padrão do processo, que é

útil para ver a diferença entre a média atual e o objetivo, a média perfeita a atingir.

- **Analisar mais para identificar o que está a causar a lacuna.** Os números obtidos são analisados a fim de avaliar o desempenho dos processos em relação à sua capacidade e ao que os concorrentes estão a fazer. O objetivo desta etapa é calcular as lacunas de desempenho (ou seja, as diferenças entre o que é feito hoje e o que pode ser feito no futuro). Devemos, portanto, analisar as medições obtidas, procurar as causas profundas, validá-las, etc.

- **Inovar para preencher o desvio padrão e mover a média.** Durante esta etapa, devem ser propostas soluções potenciais a fim de colmatar as lacunas presentes no processo e responder mais às expectativas de desempenho dos clientes.

- **Controlar o novo desempenho em termos de qualidade.** Durante esta última fase, devem ser feitas verificações finais para manter o nível de qualidade alcançado, e assegurar um processo de desenvolvimento eficiente e contínuo. Para tal, os Black Belts implementam determinadas ações para manter os elementos-chave recentemente instalados no fluxo de trabalho. Devem também verificar se as equipas seguem bem o processo, medir os resultados e validar o funcionamento do plano. Se surgir um novo problema, os Black Belts e as suas equipas devem ser capazes de recuperar e retrabalhar o processo imediatamente.

Para resumir todas estas etapas, é necessário definir o projeto, medir o desempenho atual, identificar problemas através da análise, inovar através de soluções relevantes e controlar o processo reconfigurado para assegurar que o problema é verdadeiramente resolvido.

 **É BOM SABER**

De acordo com o economista americano George Eckes, para realizar adequadamente a transformação estratégica da qualidade e gerir eficazmente o processo, é útil considerar oito etapas práticas:

- definir, em colaboração, um acordo de objetivos estratégicos;

- criar processos gerais, sub-processos chave e processos de implementação;

- designar os Black Belts dos processos;

- estabelecer uma estratégia na qual as diferentes equipas definam as etapas e objetivos ao longo de todo o processo;

- recolher os dados necessários para o quadro de pontuação escolhido;

- definir os critérios de seleção dos projetos;

- selecionar projetos utilizando estes critérios;

- gerir constantemente o processo para alcançar os objetivos estratégicos da empresa.

ESTUDO DE CASO

O projeto da empresa X envolve a melhoria de uma ferramenta de apoio à decisão (base de dados) para os vendedores, de modo a que estes possam fazer estimativas de vendas futuras.

Definição do projeto e intervenientes no projeto

Este projeto é implementado porque muitos vendedores estão insatisfeitos com esta base de dados, que é considerada pouco fiável devido à falta de actualizações. A ferramenta não lhes permite prever corretamente as vendas. São realizadas numerosas entrevistas e estudos para definir o projeto, e também os principais intervenientes:

- É dada prioridade à identificação do problema e dos processos necessários para melhorar a ferramenta de apoio à decisão. No nosso caso, trata-se de encontrar uma forma fiável de prever as futuras participações financeiras.

- Uma ferramenta chamada "análise dos intervenientes" (retirada do módulo de formação da UE sobre colaboração técnica e advocacia) permite estabelecer um modelo, posicionando os diferentes intervenientes e/ou departamentos: departamento financeiro, departamento de vendas e departamento de TI. O modelo apresentado por uma grelha organiza os intervenientes de acordo com os seus interesses e poder (baixo a alto) e define a sua atitude, influência e importância em termos do objetivo.

Além disso, para que o projeto seja levado a cabo com sucesso, a empresa deve também convencer alguns departamentos – incluindo o departamento de TI – que estão relutantes e acreditam que este é um passo desnecessário.

Medição e análise da capacidade do processo

Antes de se poder definir um novo processo, a equipa deve assumir a responsabilidade pela base de dados e listar as informações e passos disponíveis, depois investigar o valor acrescentado potencial da ferramenta ideal. Por outras palavras, tem de haver uma análise de acordo com os produtos, linha de produtos, data de venda, etc., a fim de identificar lacunas e melhorar a qualidade dos dados.

Devemos então encontrar informações internamente (vendas, inventário, qualidade do produto, etc.) que constituam uma parte suficientemente representativa do processo de melhoria, para alcançar um desempenho superior em termos de qualidade dos dados. A equipa que trabalha no projeto extrai 100 lotes de dados a fim de os analisar e verificar com as equipas de vendas quais os que são inegavelmente fiáveis.

Isto determina uma amostra correspondente a uma parte representativa da população total do país onde a empresa está localizada, a fim de observar as realidades no terreno. Assim, durante vários dias, os Black Belts trabalham com equipas de vendas para verificar manualmente os dados e compará-los com as faturas.

As constatações não são imediatas: entre as faturas podem faltar algumas, podem existir duplicações ou algumas que estejam incorretas.

A equipa é então responsável por determinar o desempenho atual e o que deve ser alcançado através de novas medidas a implementar através do sistema Seis Sigma. Especificamente, visa uma correção de 1,5 sigma, passando de 4,5 para 6 sigma.

Podemos ver que a transição de 4,5 para 6 sigma causa uma queda significativa na taxa de defeitos, acabando por atingir uma taxa de fiabilidade de 99,99% (ou seja, a famosa taxa de defeitos de 3,4 defeitos por milhão, expressa em volume abaixo).

Após o estudo dos dados, os peritos identificam o principal defeito que afeta a qualidade dos dados, nomeadamente o manuseamento incorreto da ferramenta pelos vendedores. Isto é devido a uma série de fatores:

- demasiadas pessoas podem codificar informação, mas não é estabelecida qualquer responsabilidade;

- muitos observam uma falta de interesse e dados mal informados.

A base de dados, sendo relativamente complexa, sofre de mudanças de turno e da utilização imprecisa de pessoas não treinadas neste tipo de ferramenta. Mediram então as oportunidades ou fontes de erros:

- pessoas incompetentes a introduzir informação;

- dados codificados incorretos.

Recomendações

Aqui estão as soluções propostas:

- estabelecer sessões de acesso à base de dados e iden-tificar as pessoas que podem beneficiar das mesmas;
- tornar certos campos obrigatórios para as pessoas envolvidas.

Para aplicar estas recomendações, é necessária uma reorientação das equipas: apenas a equipa de vendedo-res tem acesso à base de dados, enquanto que a equipa informática é responsável pela definição dos campos necessários pelos utilizadores (vendedores). A equipa TI implementa rapidamente as ferramentas necessárias enquanto que a equipa de vendas é mais reticente. O gestor da equipa TI fornece então um esquema de incentivos equivalente a um teste (durante um período de dois meses) que identificará o mais vendido (aquele cuja qualidade de data codificada é melhor) e o recom-pensará com um prémio.

Monitorização do novo processo

Na sequência deste teste, são tomadas medidas para verificar a fiabilidade deste novo método de codificação de dados. Entre elas, existem muitas ferramentas esta-tísticas (tais como a média e o desvio padrão). Esta última parte, que é muito importante, é frequente-mente negligenciada devido à falta de tempo, o que prejudica uma série de projetos inicialmente bem executados.

RESUMO

- Seis Sigma é uma abordagem estatística para as empresas. Faz dos clientes uma preocupação central para os atrair com uma melhor qualidade do produto.

- Existem três prioridades: clientes, empregados e processos.

- Durante trinta anos, empresas como Motorola, General Electric, Kodak e SFR utilizaram o Seis Sigma para melhorar e ganhar ou manter uma vantagem competitiva.

- Quando o objetivo Seis Sigma é alcançado, o que na prática não acontece, existe uma classificação de fiabilidade quase perfeita: 3,4 defeitos por milhão de oportunidades de defeitos (ou seja, 99,99% de fiabilidade).

- A filosofia Seis Sigma encoraja uma reavaliação contínua que se mantém ao longo do tempo (busca incessante da perfeição).

- Toda a empresa deve participar para que a implementação do método seja bem-sucedida.

- Seis Sigma pode falhar se considerar apenas os aspetos técnicos (redução de custos, etc.).

- Se a mudança não for bem gerida na empresa, os resultados possíveis permanecem baixos.

- Lean Seis Sigma é uma extensão do método que se concentra mais no processo de produção.

- Se quiser garantir o sucesso da abordagem, é importante seguir cuidadosamente os passos da metodologia DMAIC.

LEITURA ADICIONAL

BIBLIOGRAFIA

Ait Belkacem, E. H. (2005) *Puissance Six Sigma*. Paris: Dunod.

Atmaca, E. e Gineres, S. S. (2013) Lean Six Sigma Methodology and Application. *Qualidade & Quantidade*. 47(4).

Berger, A. (2002) Six Sigma : un échelon en plus de la productivité ? *Dossier technique des pays de Savoie*.

Eckes, G. (2001) *Objectif Six Sigma. La révolution dans la qualité*. Paris: Pearson.

Kwak, Y. H. e Anbari, F. T. (2006) Benefits, Obstacles, and Future of Six Sigma Approach (Benefícios, Obstáculos e Futuro da Abordagem Seis Sigma). *Inovação Tecnológica*. 6(5-6).

Larson, A. (2003) *Desmistificando Seis Sigma: Uma Abordagem de Melhoria Contínua em toda a empresa*. Amacon: Associação Americana de Gestão.

Linderman, K., Schroeder, R. G., Zaher, S. e Choo, A. S. (2003) Six Sigma: a Goal-Theoretic Perspective. *Journal of Operation Management*. 21(2).

Pande, P. S., Neuman, R. P., e Cavanagh, R. R. R. (2000) *The Six Sigma Way. Como GE, MOTOROLA, e outras empresas de topo estão a aperfeiçoar o seu desempenho*. Nova Iorque: Companhias McGraw-Hill.

Truscott, W. T. (2003) *Six Sigma: Melhoria Contínua para os Negócios*. Oxford: Butterworth Heinemann.

Queremos ouvir de si!
Deixe um comentário sobre a sua biblioteca online
e partilhe os seus livros favoritos nas redes sociais!

A editora assegura a fiabilidade da informação publicada, a
qual, no entanto, não poderia assumir a sua responsabilidade.

Mestre ISBN: 9782808065702
Papel ISBN: 9782808065993
Depósito legal: D/2022/12603/128

Desenho digital: Primento,
o parceiro digital dos editores.